ごちそうしたい、
ほめられたい

実は簡単!
ハレの日ごはん

上田淳子

はじめに

「ハレの日」って、皆さんにとって、どのような日でしょうか?
特別で、晴れやかで、少しかしこまった感じ?
確かに「ハレ」という言葉には、本来、厳粛な意味合いが秘められてはいますが、
「いいことがあった!」「大好きな友達が来る!」「あの人を喜ばせたい!」……
そんなふうにウキウキする日なら、それがあなたの大切な「ハレの日」なのでは〜
そして、「何を食べよう?」「何をつくろう?」……と、
食卓を囲む人たちの好きなものに思いをめぐらす。
そう、そんなところからすでに、
「ハレの日ごはん」は始まっているのだと思いますよ。

「ハレの日」は、みんなで楽しむもの。

つくる人が準備でヘトヘトになったり、
思いどおりにいかず焦って右往左往することのないように、
余裕をもって調理できることが何より大事です。
ましてや、頑張りすぎた立派な食卓で食べる人を緊張させてしまい、
楽しんでもらえないというのでは、本末転倒というもの。

何よりも「食材の力」を信じましょう。
贅沢《ぜいたく》な材料をそろえたり、
肩に力を入れて準備をする必要はないのです。
あなたが力まなくとも、
下ごしらえをきちっとしてあげるだけで、
食材はその力を発揮してくれます。

つくるときには、
食べる人の笑顔を思い浮かべましょう。
時に、「おいしくなあれ」と食材と対話しながら焼いたり、煮込んだり……。
そう、まずはつくり手が楽しまなくてはね！

この本でご紹介しているお料理は、
私自身がとてもよくつくる十八番《おはこ》ばかりです。
楽しくつくって、おいしく食べる。
たくさん語って、笑顔が生まれる。
まさに、わが家の「ハレの日」を幾度も彩ってきてくれました。
そんな料理たちが、皆さんのかけがえのない
「ハレの日」の引き立て役になれることを、心より願っています。

上田淳子

ごちそうしたい、
ほめられたい

実は簡単！ハレの日ごはん

もくじ

この本の使い方

- この本で使用している計量カップは200㎖、計量スプーンは大さじ1＝15㎖、小さじ1＝5㎖です。1㎖は1ccです。
- オーブン、電子レンジ、ハンドミキサーなどの調理器具は各メーカーの使用説明書などをよくお読みのうえ、正しくお使いください。
- オーブンの焼き時間は目安です。機種によって異なりますので、様子を見ながら加減してください。ガスオーブンを使う場合は、本文中で示した温度より10℃低く設定してください。
- 電子レンジは、金属および金属製の部分がある容器や非耐熱ガラスの容器、漆器、耐熱温度が140℃未満の樹脂製容器、木・竹・紙製品などを使うと故障や事故の原因となる場合がありますのでご注意ください。本文中で示した調理時間は600Wのものです。700Wの場合は約0.8倍、500Wの場合は約1.2倍にしてください。
- 加熱調理の際に紙を使用する場合は、使用説明書に記載の耐熱温度などを確認のうえ、正しくお使いください。
- オーブンから取り出すときや型を外すときは、やけどをしないように、鍋つかみやオーブンミトン、布巾をお使いください。
- 保存に使う瓶や保存容器は、消毒したものをお使いください。また食べごろや保存期間は目安です。気候状況によって変わることがあります。

フライパン ローストビーフ

フライパン
ローストビーフ

遠慮なく厚切りで楽しむ！手づくりならではの贅沢です。

「きょうは奮発しちゃおうかな」と財布のひもが緩むハレの日。テーブルの主役のローストビーフはデパ地下の有名店で買うのもアリですが、実は手づくりも簡単！　フライパン一つでできるんですよ。

料理は、最適な肉を手に入れるところからスタートしています。焼きすぎや生焼けの失敗を防ぐには、形のよい肉を使うことが大切。肉の高さと幅が同じサイズの直方体が理想的です。できれば店頭で切ってもらうか、余分を切り落として整えるといいですね。面の形や厚みがそろっていれば、フライパンで「焼いては転がす」を繰り返すことで、内部にムラなく熱が伝わります。

レシピどおりに焼いてはみたものの、うまくできたか気になる！　すぐ確かめたい！　そんな気持ちもわかるのですが、焼きたてを切るのはNGです。断面から肉汁が流れ出てしまわないよう「待つ」時間も必要。ソースの準備でもしながら、肉汁を落ち着かせると同時に心も落ち着かせましょう。

「お店みたいに薄く切れるかしら」なんて、心配することなかれ。遠慮なく厚切りにしちゃっていいんです！　こんな贅沢《ぜいたく》も、おうちの手づくりならではですね。

下ごしらえをする

1 牛肉は30分間ほどおいて常温に戻し(写真a)、塩小さじ1弱を全体にすり込む。

牛肉を焼く

2 フライパンにサラダ油大さじ½を強めの中火で熱して牛肉を入れ、6つの面を30秒間ずつ焼く(写真b)。

3 弱火にし、4つの大きな面を20秒間ずつ焼く。焼いては転がす、を繰り返し、合計で8分間ほど焼く。

温度を確かめる

4 肉の中心にフォークを刺し(写真c)、5秒間数えたあと親指の付け根に当てて温度を確かめる(写真d)。まだぬるいと感じたら、さらに**3**を繰り返し、フォークが温かくなるまで焼く。

肉汁を落ち着かせる

5 最後に強火で4面を10秒間ずつ焼き、取り出してアルミ箔《はく》で包む。室内の温かい場所に15～20分間おき、肉汁を落ち着かせる。

牛肉を切る

6 好みの厚さに切って器に盛り、葉野菜を添え、ソース(下記参照)をかける。好みでフレンチマスタードを添える。

肉汁を落ち着かせる間に!

グレービーソース

材料とつくり方(つくりやすい分量)

1 たまねぎ½コ(100g)、にんじん½本(80g)、セロリ3cmは薄切りにする。

2 牛肉を焼いたフライパンにバター小さじ2を中火で溶かし、泡立ってきたら**1**とローリエ1枚を加えて5分間ほど炒める。

3 水カップ⅔を加え、5分間ほど煮てざるでこす。へらなどでギュッと押して汁けを絞り、塩・こしょう各少々で味を調える。

材料(3～4人分)

牛もも肉(塊/ローストビーフ用)… 500g
(断面が約6cm四方のもの)
好みの葉野菜 … 適量
グレービーソース(またはしょうゆソース/ともに下記参照)…適量
フレンチマスタード … 適宜
[常備品] 塩/サラダ油

●1人分300kcal
●調理時間40分(肉を常温に戻す時間は除く)

形のよい肉なら失敗なし。肉が冷たいと生焼けになるので、常温に戻して焼く。

最初に肉の全面を30秒間ずつ焼き固める。小さい正方形の面も忘れずに。

肉の中心にフォークを深く刺してみて、肉の内部の温度を確かめる。

フォークを親指の付け根のふくらみに当てて、しっかり温かさを感じたらOK。

余裕がなければこちらで!

しょうゆソース

材料とつくり方(つくりやすい分量)

牛肉を焼いたフライパンに酒・しょうゆ・水各大さじ1を加え、中火にかける。ひと煮立ちしたら火を止め、こしょう少々を加える。

ローストチキン

「ごちそう」以外の何物でもない。骨付きチキンはオーブン任せ。

カレンダーの残りもとうとうあと1〜2枚、というころになると、店頭で目につくようになるのが骨付きチキン。ローストチキンは、絵に描いたような「年末のごちそう」ですね。

骨付きの鶏もも肉は、シンプルに焼くだけだと鶏肉特有のくせが気になることも。塩とこしょうで下味をつけるときにレモンの断面をこすりつけて香りをすり込んでおくと、食べやすさが断然違いますよ。そしてオーブンで焼くときは、ローズマリーの枝を下に敷いて。肉の上にのせると焼く間に焦げてしまいますが、下に敷いておくと真っ黒になることなく、清涼感のある香りが肉にしっかりと移ります。

天板のあいたところを付け合わせの野菜で埋めたら、温めておいたオーブンに入れて焼き上がりを待つ。その間は、どうぞのんびりお座りください。工夫すればフライパンでも焼ける……かもしれませんが、ここはオーブンにお任せしちゃいませんか？　「1年間、いろいろ頑張ってきたなあ」とゆっくり感慨にふける時間が、チキンをさらにおいしくしてくれますよ。

下ごしらえをする

1　鶏肉は骨の両側に切り目を入れる(写真a)。バットに入れて塩小さじ1、黒こしょう少々をすり込み、レモンを軽く搾りながらこすりつける(写真b)。ラップをして冷蔵庫に2時間以上おく。

2　鶏肉は冷蔵庫から出し、30分間ほど常温におく。じゃがいもはたわしでよく洗って芽と緑化した部分を除き、皮付きのまま大きめの一口大に切る。紫たまねぎは6～8等分のくし形に切る。

オーブンで焼く

3　オーブンは200℃に温める。天板にオーブン用の紙を敷き、ローズマリーを1枝ずつ、間隔をあけて並べる。鶏肉の皮側を上にして置き(写真c)、あいたところを埋めるようにじゃがいもと紫たまねぎをのせる。

4　オリーブ油大さじ1を回しかけ、手で全体になじませ、200℃のオーブンで約30分間、こんがりするまで焼く。途中で様子を見て、野菜が焼けていたら先に取り出すとよい。

材料(3人分)

鶏もも肉(骨付き)… 3本(850～900g)
レモン … ⅓コ
ローズマリー(生)… 3枝
付け合わせ
- じゃがいも … 2コ(300g)
- 紫たまねぎ(またはたまねぎ)…(小)1コ(150g)

[常備品] 塩／黒こしょう(粗びき)／オリーブ油

●1人分600kcal
●調理時間45分
(肉に下味をつける時間、常温におく時間は除く)

a　骨が浮き上がって見えるくらい深く切り目を入れると、火の通りがよく、身離れもよくなって食べやすい。

b　レモンの断面を直接すり込むことで香りがつき、鶏肉のくせが抑えられる。

c　ローズマリーは鶏肉の下に敷いて焼くと、焦げることなく香りが移る。

野菜を添えるなら……

小松菜のホットドレッシング

材料(つくりやすい分量)

小松菜(葉のみ／軸は除く)
　… 2ワ分(100g)
ベーコン(塊または厚切り)
　… 60g
くるみ(粗く刻む)
　… 大さじ2
バルサミコ酢
　… 大さじ1½
[常備品] オリーブ油／
　塩／黒こしょう(粗びき)

1　小松菜は冷水に浸してパリッとさせる。水けをしっかり取ってちぎり、耐熱ボウルに入れておく。ベーコンは5mm角の棒状に切る。

2　フライパンにベーコンとオリーブ油大さじ1½を入れ、中火にかける。ベーコンがカリッとしたらバルサミコ酢を加え、沸き上がったらすぐ**1**の小松菜に回しかける。

3　くるみを散らして全体を混ぜ、塩・黒こしょう各少々で味を調える。

[全量560kcal　調理時間10分]

ローストポーク

ローストポーク

塊肉のごちそうは、非日常感を盛り上げる果物のソースで。

豚肉は、どの部位がお好きですか？　身近にいる食いしん坊の面々に聞くと、圧倒的に人気なのが肩ロース。バラより脂っぽくなく、ロースほどにはあっさりしすぎず、食べごたえのある赤身と甘みのある脂身が程よく混ざった、「いいとこどり」の部位なんですよね。加熱しても縮みにくくてボリューム感のある、ごちそう向きの食材です。

肩ロースの塊肉に塩、こしょうをすり込んで一晩おき、オーブンでじっくりと焼くローストポークは、時間さえかければ失敗なくつくれるシンプルなごちそう。肩ロースには脂が網目のように入っているので、ほったらかし調理でもしっとりと火が通ります。天板のあいたところに野菜をのせて焼けば、同時に付け合わせができ上がりますし、りんごを一緒に焼けば、甘酸っぱいソースに。

果物をソースに？　そう！　塩けのある豚肉に果物って、日本ではなじみが薄いけれど、欧米ではよくある組み合わせ。そんな非日常感を取り入れてみるのも、ハレの日の気分を盛り上げるポイントですよ。

肉を塩漬けにする

1 豚肉は、形を整えながらたこ糸を巻きつける(P.45参照)。塩小さじ1強、こしょう少々をすり込み、ローズマリーをのせ、ラップでピッタリと包んで冷蔵庫に一晩おく(写真a)。

アルミ箔《はく》にのせる

2 **1**の豚肉は冷蔵庫から出し、30分間ほど常温におく。オーブンは190℃に温める。アルミ箔を30×20cmほどの大きさに切り、2枚用意する。

3 りんごは皮付きのまま6等分のくし形に切り、芯を除く。1枚のアルミ箔に並べ、サラダ油大さじ½を回しかけてからめる。

4 **2**の豚肉は水けを拭き、サラダ油大さじ½をからめる。もう1枚のアルミ箔に**1**のローズマリーを置き、その上に豚肉をのせる。

オーブンで焼く

5 オーブンの天板に**3**と**4**を並べ(写真b)、190℃のオーブンで40分間ほど焼く。途中で様子を見て、りんごが柔らかくなっていたら、先に取り出すとよい。

6 肉の中央に竹串を刺し(写真c)、澄んだ肉汁が出てくれば焼き上がり。肉は新しいアルミ箔で包んで20分間ほどおき、肉汁を落ち着かせてから食べやすく切る。器に盛ってりんごを添える。

材料(3～4人分)
豚肩ロース肉(塊)…500g
ローズマリー(生)…1枚
りんご…1コ
[常備品]塩/こしょう/サラダ油

●1人分380kcal
●調理時間1時間
(肉を塩漬けにする時間、常温におく時間、焼いてから肉汁を落ち着かせる時間は除く)

a 肉にハーブをのせて塩漬けにすると、よい香りがつく。このまま冷蔵庫で3～4日間保存可能。

b りんごも肉と一緒にオーブンへ。品種によって火の通り方が違うので、途中で様子を見る。

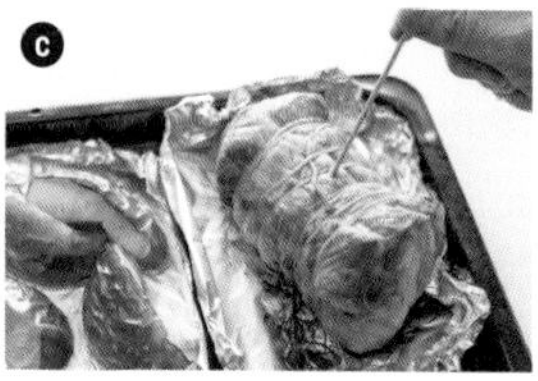

c 竹串を刺して濁った肉汁が出る場合は、さらに数分間焼く。りんごは写真の焼き上がりが目安。

スペアリブと野菜のソテー

スペアリブと
野菜のソテー

骨付き肉にかぶりつこう！電子レンジ＆フライパンで、おうちでも手軽に。

手で持ってかぶりつく骨付き肉って、スペシャル感ありますよね。なかでも豚のスペアリブは、ガッシリとした身と甘みのある脂のバランスが絶妙。そのスペアリブを、オーブンもグリルも使わずフライパンでジューシーに焼き上げるコツをお教えしましょう。

まずは塩、こしょうをすり込み、はちみつやオリーブ油などをからめてマリネします。ちぎったローズマリーで、ハレの香りもプラス。下味をつけながらしっとりさせたところで、なんと！　電子レンジにかけてしまうのです。そのあとフライパンで焼けば、照りも出てこんがり。これなら生焼けの心配がないから気軽でしょう？

電子レンジにかけたことで身離れもよくなるので、食べる間、全員が「……（無言）」にならず、会話が弾みますね。

このようにマリネしてレンチンしたスペアリブは、きちんと冷まして保冷すれば持ち歩きもできるので、バーベキューにももってこい。季節も場所も選ばないおすすめのごちそう肉料理です。

下ごしらえをする

1 スペアリブは耐熱皿に入れ、塩小さじ1強、黒こしょう適量をまんべんなくすり込む。ローズマリーを2～3つにちぎって加え、Aを加えて全体にからめ（写真a）、ラップをして冷蔵庫に1時間ほどおく。

2 アスパラガスは根元を少し切り落とし、ピーラーで下半分の皮をむいて2～3等分に切る。たまねぎは芯をつけたまま、8等分のくし形に切る。

電子レンジにかける

3 **1**にラップをふんわりとかぶせ、電子レンジ（600W）に12～14分間かける。肉の色が変わったら取り出してラップを外し、粗熱を取る（写真b）。

フライパンで焼く

4 フライパンにオリーブ油大さじ1をひいて**2**の野菜を並べ入れ、中火にかける。時々転がしながら焼き、焼けたものからバットに取り出して塩小さじ¼、黒こしょう少々をふる。

5 あいたフライパンにオリーブ油大さじ½を足し、**3**の肉の汁けをきって並べる。強めの中火にかけ、下側がこんがりと焼けたら向きを変える（写真c）。全体に焼き色がついたら、**4**の野菜とともに器に盛る。

材料（3～4人分）

豚スペアリブ … 800g（8～12本）
ローズマリー（生）… ½枝（6～7cm）
A ┌ はちみつ … 大さじ3
　 └ オリーブ油 … 大さじ½
グリーンアスパラガス …（太めのもの）3～4本
たまねぎ … 1コ（200g）
［常備品］塩／黒こしょう（粗びき）／オリーブ油

●1人分610kcal
●調理時間25分
（スペアリブを冷蔵庫におく時間は除く）

a

ローズマリーを加えてマリネすると、豚肉のくせが抑えられる。乾燥のローズマリーやローリエでも。

b

電子レンジにかけるひと手間で加熱ムラなく、骨から身が離れやすくなる。

c

レンジにかけてあるので生焼けの心配なし。表面がこんがりすればOK。

牛すね肉の赤ワイン煮

牛すね肉の赤ワイン煮

ほったらかす間に、赤ワインの力で堅いすね肉がトロリと柔らか〜く。

ハレの日は、おうちもきれいにしたいし、身なりも整えたい。おもてなし用の食器はどこにしまったかしら……。ごちそうをつくる以外にも、やりたいことがたくさんありますね。そんな私たちを救ってくれるのが「ほったらかし」のレシピ。ほったらかしOKな煮込み料理やオーブン料理なら、横目で見ながら別の用事も手がけられます。

手間をかけずに時間をかけると決めたなら、牛すね肉の赤ワイン煮なんていかが？　すね肉はうまみが濃くて筋が多く、堅い繊維状のたんぱく質が豊富な部位です。長時間煮込むとそのたんぱく質がゼラチン化して、とろけるような柔らかさに。赤ワインで煮るなんてもったいない？　いえいえ、調味料をあれこれ加える必要もなく、お手ごろなすね肉が、お手ごろな赤ワインでゴージャスな煮込みになるのですから、むしろお得と言っても過言ではありません。

ところで、前述の繊維状のたんぱく質。「コラーゲン」と聞けば、目を輝かせる人も多いのでは？　しっとりと柔らかいすね肉を楽しみながら、「美肌」や「関節」の話題に花を咲かせてください。

下ごしらえをする

1 牛すね肉は塩小さじ⅔、こしょう少々をすり込んでおく(写真a)。たまねぎは縦半分に切って縦に薄切り、セロリは横に薄切りにする。

香味野菜を炒める

2 鍋にバターを入れて弱めの中火で溶かす。泡立ってきたら、たまねぎ、セロリ、にんにくを加え、時々混ぜながら7〜8分間、茶色っぽくなるまで炒める(写真b)。

牛肉を焼きつける

3 **1**の牛肉は焼く直前に小麦粉大さじ1弱をまぶす。フライパンにサラダ油大さじ½を強めの中火で熱して牛肉を並べ入れ、全面にしっかりと焼き色をつけて、**2**に加える。あいたフライパンに赤ワインの⅓量を加えて底をこそげ、**2**に加える。

赤ワインで煮込む

4 トマトを加えてざっと混ぜ、残りの赤ワイン(写真c)とローリエ、こしょう少々を加えて中火にかける。煮立ったらふたをして弱火で約1時間30分、時々混ぜながら煮る。途中で煮汁がなくなりそうになったら、焦げないように赤ワイン(分量外)か水を適量足す。

5 肉に箸がスッと入るくらい柔らかくなったらふたを取り、強火にして煮汁がトロリとするまで煮詰める。塩・こしょう各適量で味を調え、好みでマッシュポテトを添えて器に盛る。

材料(3〜4人分)

牛すね肉(大きめの塊)… 6〜8切れ(600g)
たまねぎ …(大)1コ(300g)
セロリ(茎の部分)… 1本分(100g)
にんにく(みじん切り)… 1かけ分
赤ワイン(甘みや酸味の少ないもの)… カップ2
トマトの水煮(缶詰/カットタイプ)… ¼缶(100g)
ローリエ … 1枚
バター … 15g
マッシュポテト(下記参照)… 適宜
[常備品] 塩/こしょう/小麦粉/サラダ油

●1人分440kcal(マッシュポテトは除く)
●調理時間2時間

a シチュー用の角切りではなく、大きいすね肉をゆっくり煮込んでゴージャスに。

b 香味野菜の甘みと香りが煮汁のベースになるので、しっかりと色づくまで気長に炒める。

c この料理は赤ワインが煮汁。肉のくせを抑え、コクとツヤを出してゴージャスに。

おいしい煮汁を残さずからめて食べられます!

マッシュポテト

材料(つくりやすい分量)

じゃがいも … 3コ(450g)
A バター … 10g
　 牛乳 … カップ½〜¾
[常備品] 塩/こしょう

1 じゃがいもは1.5cm角に切って鍋に入れ、ヒタヒタの水を加えて弱めの中火で約8分間ゆでる。柔らかくなったら湯をきってボウルに移し、熱いうちにつぶす。

2 あいた鍋にAを合わせて弱火にかけ、フツフツと沸いたら**1**を加える。火を止めて均一になるまで混ぜ、塩・こしょう各少々で味を調える。

[全量490kcal　調理時間15分]

ミートローフ

ひき肉のブレンド技で、きょうからミートローフ名人。

さて、このミートローフ、いつものひき肉おかずより少しだけ気張った点があるのですが、おわかりでしょうか？　パウンド型は、百円ショップで手に入るアルミ箔《はく》製の使い捨てタイプ。詰める具も、身近な食材で十分。頑張ってほしいのは、ひき肉の選び方なんです。

脂肪の多い特売の合いひき肉でつくると、型も天板も脂まみれに。本体も焼き縮みして、ちょっと寂しい気持ちがします……。といってパックの中身を見比べても、脂の量は似たり寄ったり。合いびき肉からは目をそらし、赤身の豚ひき肉と牛ひき肉を別々に買って、自分で合わせるほうが得策です。

赤身の多いひき肉でつくれば、塊肉にも負けないどっしりとした食べごたえ。冷めてもおいしく、残った切れ端をはさんだサンドイッチも絶品です。型に入れて焼くだけだから、同じ肉ダネをハンバーグにするより簡単だし、付け合わせの野菜も一緒に焼けば合理的。オーブンレンジをお持ちの皆さん！　チンするばかりでなく、オーブン機能でミートローフ、つくってみたくなったでしょう？

下ごしらえをする

1 肉ダネのたまねぎはなるべく細かいみじん切りにし、耐熱皿に入れてサラダ油小さじ1をからめる。ラップで覆って電子レンジ（600W）に1分30秒間かけ、ラップを外して冷ます。

2 付け合わせのたまねぎは一口大のくし形に切る。じゃがいもはたわしでよく洗って芽と緑化した部分を除き、皮付きのまま一口大に切る。アルミ箔の上に合わせ、サラダ油小さじ1、塩・こしょう各少々をからめて包み、しっかりと閉じる。

肉ダネをつくる

3 大きめのボウルにAを入れて混ぜ、パン粉がふやけたら、2種類のひき肉（写真a）を加えてしっかりと練り混ぜる。十分に粘りが出たら**1**のたまねぎを加え、均一に混ぜる。

型に詰めて焼く

4 オーブンは160℃に温める。パウンド型にサラダ油少々を塗り、肉ダネの半量を隙間なく詰める。ブロッコリーとうずらの卵をバランスよく並べ入れ、残りの肉ダネで隙間なく覆う（写真b）。

5 天板に**2**と**4**をのせ（写真c）、160℃のオーブンで1時間ほど（**2**は40〜50分間）焼く。**4**の中央に竹串を刺し、澄んだ汁が出てきたら焼き上がり。十分に粗熱を取って型から外し、食べやすく切って付け合わせを添える。

材料（約16×8×5cmのパウンド型1コ分）

肉ダネ

- 豚ひき肉（赤身）… 200g
- 牛ひき肉 … 200g
- たまねぎ … ½コ（100g）
- A
  - パン粉 … カップ½
  - 牛乳 … カップ⅓
  - 卵 … 1コ
  - 塩 … 小さじ⅔
  - こしょう … 少々
  - ナツメグ（粉／あれば）… 少々

ブロッコリー …（小）4房（50g）

うずらの卵（水煮）… 6コ

付け合わせ

- じゃがいも …（小）2コ
- たまねぎ … ½コ

［常備品］サラダ油／塩／こしょう

●全量1490kcal

●調理時間1時間20分（粗熱を取る時間は除く）

a 赤身の豚ひき肉と牛ひき肉を合わせれば、合いびき肉より「肉」感アップ！

b 具を肉ダネに埋め込み、上にも肉ダネをのせてしっかり詰める。

c ミートローフと一緒に焼くと、野菜のほうが少し早く火が通るので、途中で確かめて先に取り出すとよい。

ミートソースと
マッシュポテトの
グラタン

フランスでは、お助けおかず。日本のおうちのハレごはん。

煮込んだ肉とマッシュポテトを重ねて焼いたグラタンは、フランスでは「アッシ・パルマンティエ」と呼ばれ親しまれているおふくろの味。もともとは、残ったポトフやシチューの塊肉を細かく刻んで使う、お助けおかずだったんです。

だからといって「な〜んだ、ハレじゃなくてケの日のごはんか……」なんて、がっかりする人はいませんよね？　クリーミーなポテトの下に、スパイシーなミートソース。焼きたてアツアツがオーブンから出てきたら、気分が上がらないわけがない！　誰が何と言おうと、ごちそうに違いありません。

日本の家庭では「残ったポトフやシチューの塊肉」がそうあるものではないので、ひき肉でつくります。ここではローリエ、タイム、シナモンも加えましたが、風味づけに便利なのがウスターソース。何種類ものスパイスが配合された、お助け調味料なんですよ。

もちろんミートソースはパスタにも使えるし、マッシュポテトは肉料理の付け合わせにピッタリ。それぞれ覚えて損はないレシピ、という意味で、「お助けごちそう」とでも名づけましょうか！

ミートソースとマッシュポテトのグラタン

ミートソースをつくる

1 たまねぎ、にんにくはみじん切りにする。にんじんは粗くすりおろす。フライパンにオリーブ油大さじ1を中火で熱して野菜を入れ(写真a)、3分間ほど炒めて片側に寄せる。

2 あいたところにひき肉を加えて強めの中火で炒め、色が変わったら野菜と混ぜ合わせる。塩小さじ⅓、こしょう少々をふり、トマトの水煮とA(写真b)を加える。煮立ったら弱火にし、時々混ぜながら10分間ほど煮て、塩・こしょう各少々で味を調える。

マッシュポテトをつくる

3 じゃがいもは1.5cm角に切って鍋に入れ、ヒタヒタの水を加えて弱めの中火で8分間ほどゆでる。柔らかくなったら湯をきってボウルに移し、熱いうちにつぶす。

4 あいた鍋にバターと牛乳を合わせて弱火にかけ、フツフツと沸いたら**3**を加える(写真c)。火を止めて均一になるまで混ぜ、塩・こしょう各少々で味を調える。

オーブンで焼く

5 オーブンは200℃に温める。耐熱容器にミートソースを敷き詰め、マッシュポテトをのせる。表面をならしてフォークで筋をつけ、200℃のオーブンで15〜20分間焼く。

もちろんパスタにも!

ミートソースのペンネ

このミートソースは、
ゆでたパスタにあえるのもおすすめ。
パルメザンチーズのすりおろしや、
粗びき黒こしょうをふってどうぞ!

材料(4人分)

ミートソース

- 合いびき肉 … 400g
- たまねぎ … 1コ(200g)
- にんにく … 1かけ
- にんじん … 1本(150g)
- トマトの水煮(缶詰/カットタイプ) … 1缶(400g)
- A
  - ウスターソース … 大さじ½
  - ローリエ … 1枚
  - タイム(乾) … 少々
  - シナモン(粉) … 少々

マッシュポテト

- じゃがいも(メークイン) … 4コ(600g)
- バター … 10g
- 牛乳 … カップ¾

[常備品] オリーブ油/塩/こしょう

●1人分500kcal
●調理時間50分

a たっぷりの野菜も、刻んだりおろしたりして炒めればしんなりとして、香りと甘みが出る。

b スパイスやハーブで、ひと味違うミートソースに。全部そろわなければ、手に入るものとウスターソースだけでも。

c 牛乳が熱くなったところにじゃがいもを加えると、粘らず、なめらかなマッシュポテトに。

揚げ鶏のイタリアンソース

揚げ鶏の
イタリアンソース

とにかく大きく
華やかに。
「普通」のチキンで
最高のおもてなし。

いったい、「ハレ」と「ケ」の境目とは……？　などと、哲学的な思いにふけってしまいそうになるのは、「普通」の鶏もも肉を「普通」に揚げて、「普通」のトマトのソースをのせたこの一皿が、ただならぬごちそうになってしまったから。

　唯一「普通でない」ビッグなサイズに手強そうな雰囲気が漂いますが、実は簡単。粉をはたいた肉を冷たい油に入れてから火にかけ、皮側を5分、返して5分揚げるだけです。その間、いっさい触らず、見守る以外にすることなし。「本当に大丈夫？」と疑って、つついたり何度も返したくなる気持ちもわかりますが、成功への近道は、時間を信じてじっくり待つことです。

　このチキンにねぎソースをかければ中華風、大根おろしをのせれば和風のおかずになるわけですが、きょうはハレの日。生トマトを使ったイタリアンカラーのソースで、華やかに仕上げましょう。カリカリのアツアツに冷たいフレッシュソースの取り合わせ。ビール党にもワイン党にも、お酒を飲まずにガッツリ食べたい党にも、最高のおもてなしになりますよ。

イタリアンソースをつくる

1 トマトはヘタを除き、1cm角に切る。たまねぎはごく細かいみじん切りにして水にさらし、ざるに上げる。厚手のペーパータオルで包み、水けを絞る。

2 ボウルにAを入れてよく混ぜ、**1**を加える。バジルの葉をちぎって散らし（写真a）、冷蔵庫で冷やしておく。

下ごしらえをする

3 鶏肉は、皮と身の間の余分な脂肪を除き、身の厚い部分に切り目を入れて開く（写真b）。塩小さじ1弱、こしょう適量をすり込み、10分間ほど常温におく。

フライパンで揚げる

4 バットに小麦粉・かたくり粉各大さじ1½を混ぜ合わせ、**3**の鶏肉を入れ、両面にまんべんなくまぶす。

5 大きめのフライパンにサラダ油を1.5cmほどの深さまで入れ、**4**の鶏肉を皮側を下にして入れる（写真c）。弱めの中火にかけ、5～7分間、触らずに揚げる。下側がカリッとしたら返し、さらに5分間ほど揚げる。

6 ペーパータオルの上に取り出して油をきり、食べやすく切って器に盛る。**2**のソースをもう一度混ぜてかける。

材料（3～4人分）

鶏もも肉 … （小）2枚（約500g）

イタリアンソース

- トマト … （大）1コ（250g）
- たまねぎ … 40g
- バジルの葉（生）… 1枚分
- A
  - オリーブ油 … 大さじ1½
  - レモン汁（または酢）… 小さじ2
  - 塩 … 小さじ½
  - こしょう … 適量

［常備品］塩／こしょう／小麦粉／かたくり粉／サラダ油

●1人分400kcal

●調理時間25分（鶏肉を常温におく時間は除く）

a 刻んだトマトとたまねぎ、ちぎったバジルでイタリアンカラーに。

b 分厚い部分に切り目を入れて開き、厚みをならすと均一に火が通る。

c 冷たい油に肉を入れてから火にかけ、触らずにじっくり揚げて均一に火を通す。直径26cmのフライパンなら、2枚一緒に揚げられる。

カジュアルステーキ

カジュアルな食材は、シンプルでカジュアルな食べ方がお似合い。

ステーキが「ごちそう」の代名詞だった時代。家庭であってもナイフとフォークでうやうやしくいただくのが正統なスタイルでした。そんなクラシックな演出もすてきですが、外国産の牛肉がグッとお手ごろになった今、もう少しカジュアルに楽しみたい気もしませんか?

脂身の少ない牛肉をジューシーに仕上げるコツは、この3つ。

その一、肉をマリネして、しっとり感を補う!

その二、必ず常温に戻してから焼く! これは、冷たい肉を中まで加熱するには時間がかかるため、焼きすぎて堅くなってしまうからです。

その三、焼いたあと、すぐに切らない! 肉の内側にジュワッとにじみ出ている肉汁が断面から流れ出ないように、全体になじむまで3分間待ちましょう。

程よく火が通ったバラ色の断面が大きく見えるように斜めに切り、肉は肉だけで潔く盛る。別の器で個性的なサラダを添えれば、おもてなしのセンスがキラリと光ります。堅苦しいマナーにとらわれず、ワインやビールでも片手に、肉本来のおいしさをシンプルに味わってください。

牛肉をマリネする

1 にんにくは横に3mm厚さに切り、芯を除く。バットに牛肉を並べてにんにくを散らし、オリーブ油大さじ1をからめ(写真a)、ラップをして冷蔵庫に半日間ほどおく。肉を焼く15分間ほど前に冷蔵庫から出し、常温に戻す。

にんにくチップをつくる

2 フライパンにオリーブ油大さじ1を入れて、**1**のバットにたまったオリーブ油とにんにくを加え、弱めの中火にかける。にんにくが均一なきつね色になるまで、時々返しながら丁寧に揚げ焼きにし(写真b)、油は残してにんにくをペーパータオルに取り出す。

牛肉を焼く

3 **2**のフライパンを強めの中火で熱し、**1**の肉を並べる。触らずに1分間焼いたら上下を返し、反対側も1分間焼く。

しばらくおいてから切る

4 牛肉をフライパンから取り出し、そのまま3分間ほどおいて肉汁を落ち着かせる。まな板に置き、2～3cm幅のそぎ切りにする(写真c)。

5 塩適量をまんべんなくふって器に盛り、**2**のにんにくチップを散らして黒こしょうを多めにふる。

材料(3～4人分)

牛肉(ステーキ用/1cm厚さ)… 2枚(400g)
にんにく … 2かけ
[常備品] オリーブ油/塩/黒こしょう(粗びき)

●1人分290kcal
●調理時間10分
(牛肉をマリネする時間、常温に戻す時間は除く)

赤身の多い牛肉も、オリーブ油とにんにくをからめてしっとり、風味よく。

フライパンを傾けて油を集め、にんにくを揚げ焼きに。香りを移した油で牛肉を焼く。

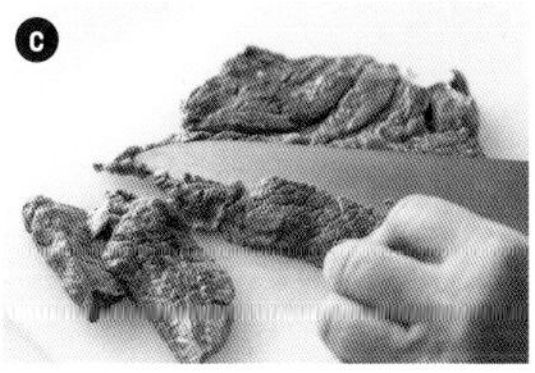

しばらくおいたあと、断面の大きいそぎ切りに。繊維が断ち切られ、食べやすくなる。

合間につくれる簡単サラダ

きゅうりのミントサラダ

材料(つくりやすい分量)

きゅうり　2本
A
- ミントの葉(生/みじん切り)… 10枚分
- プレーンヨーグルト(無糖)… 大さじ4
- 酢 … 小さじ1
- 塩 … 小さじ¼
- こしょう … 少々

きゅうりはピーラーで縦にしまむきにして、1.5cm幅に切る。ボウルにAを混ぜ合わせ、きゅうりを加えてあえる。
[全量70kcal　調理時間5分]

塩豚のオニオンソース

塩豚のオニオンソース

手間をかけず、お金もかけず、ただただじっくり「時間」をかけて。

カレンダーに丸印をつけたあの日。何か一つ「ごちそう」と呼べるものをつくりたい！　そんなとき、頼れるものは、高級な食材？　珍しい調味料？　すばらしい調理道具？　もちろんそれらもきっと役に立つシーンはあるのですが、腕に覚えがない人ほど頼ってほしいのが、「時間」の力です。

みんなが喜ぶごちそうといえば、塊肉。「時間」を味方につけると心を決めて、1〜2日前から準備をしましょう。豚の塊肉に塩をすり込み、冷蔵庫におくこと1日。たっぷりの水からゆでること40〜50分間。ゆで汁につけて冷ますこと20〜30分間。「時間がかかる！」と思いましたか？　言い換えればすなわち「時間」しか、かかっていないんです。ゆでた塩豚は、シンプルにからしじょうゆで食べても十分おいしいのですが、それはふだんのおかず向き。ハレの日ならば、フレッシュな野菜を使ったソースで華やかに仕立てましょう。

「時間」はあなたを裏切らない。時短、時短で頭をいっぱいにせず、「時間」との信頼関係も大切にしてくださいね。

塩豚をつくる

1 豚肉は形を整えながらたこ糸を巻きつける(写真a)。塩をまぶし(写真b)、ポリ袋に入れて冷蔵庫に1日(24時間)以上おく。

ゆでて冷ます

2 **1**の豚肉の水けを拭いて鍋に入れ、かぶるくらいの水とねぎの青い部分を加えて中火にかける。沸騰したら弱火にし、肉に火が通るまで40〜50分間ゆでる。途中、湯から肉が出ないように、適宜水を足す。

3 肉の中心に竹串を刺し、赤い肉汁が出なくなれば、ゆで上がり。火から下ろし、そのまま粗熱を取る(写真c)。

オニオンソースをつくる

4 たまねぎはごく細かいみじん切りにして水にさらし、ざるに上げる。厚手のペーパータオルで包み、水けを絞る。ボウルに入れ、そのほかの材料を加えて泡立て器で混ぜる。**3**の肉を食べやすく切って器に盛り、ソースをかける。

材料(3〜4人分)

塩豚

- 豚肩ロース肉(塊)… 500g
- 塩 … 大さじ½

ねぎ(青い部分)… 1本分

オニオンソース

- たまねぎ … ¼コ(50g)
- パセリ(みじん切り)… 大さじ1½
- サラダ油 … 大さじ3
- ワインビネガー(または酢)… 大さじ1½
- 粒マスタード … 大さじ1弱
- 塩・こしょう … 各適量

●1人分410kcal
●調理時間1時間
(肉に塩をまぶしておく時間、粗熱を取る時間は除く)

a たこ糸を肉にひと巻きしたら、一度しっかり結んでとめてからグルグルと巻いていく。

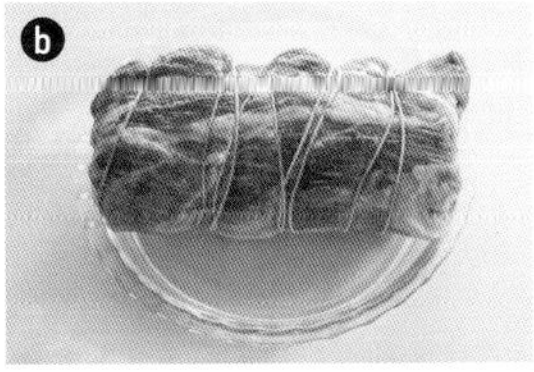

b たこ糸は肉の端まできたら折り返して最初に戻る。最後もしっかり結んでとめ、塩をすり込む。

c ゆで汁ごと粗熱を取り、汁けをきってラップでピッタリと包めば、冷蔵庫で4〜5日間保存可能。ゆで汁はこして容器に移し、3日間保存可能(必ず再沸騰させて、スープやカレーに)。

さらに焼いても美味！

ゆで塩豚のソテー

ゆでた塩豚の汁けをしっかりと拭いて厚めに切り、サラダ油を熱したフライパンで両面をカリッと焼きます。オニオンソース(上記参照)をかけ、レタスを添えて。

ラムチョップのソテー

ラムチョップのソテー

ラムチョップとミントで味わう、「ちょっと」のスペシャル感。

ごちそうは、バーンと大盛りで豪華に見せるのもいいけれど、かしこまったスタイルで「お店みたい！」とほめられるのもうれしいですね。フォークとナイフを用意して、お皿の上には、ふだんより「ちょっと」スペシャルな肉を。「ちょっと」珍しいもの、「ちょっと」新しいことを楽しめる面々が集まる日におすすめなのが、ラムチョップのソテーです。

ラムチョップとは、生後1年未満の子羊のあばら肉。羊独特の香りは穏やかで肉質も柔らかです。すりおろしたにんにくとオリーブ油でマリネしておけば、くせが和らぎ、ジューシーに。表面は香ばしく、中はピンク色のミディアムレアに焼き上げましょう。爽やかなミント入りのソースを添えれば、さらにスペシャル感がアップ。ミントとラムは互いの香りを抑え込むのではなく、バランスよく引き立て合う、定番の組み合わせなんですよ。

ラムって「ちょっと」くせがあるけれど、そこがおいしい！　そんな発見を語り合いながら、「ちょっと」おしゃれなハレの日ごはんをお楽しみください。

ラム肉をマリネする

1 ラムチョップは両面に塩・黒こしょう各適量をふる。にんにくをすり込んでオリーブ油小さじ1をからめ、10分間ほどおく(写真a)。

ソースと付け合わせをつくる

2 ミントマスタードソースをつくる。ミントは茎を除いて葉をみじん切りにし、フレンチマスタードに加えて混ぜる(写真b)。さらに酢を加え、よく混ぜておく。

3 トマトは横半分に切る。大きめのフライパンにオリーブ油小さじ1を強めの中火で十分に熱し、トマトの断面を下にして並べ入れ、下側を1分間ほど焼いて器に盛る。

ラムチョップを焼く

4 フライパンをきれいにしてオリーブ油小さじ1を中火で熱し、**1**のラムチョップを並べ入れ、ふたをして1分30秒間ほど焼く。焼き色がついたら返し、反対側はふたをせずに焼く。トングなどで肉を立てて向きを変え、側面にも焼き色をつける(写真c)。

5 **3**の器に盛って、好みで全体に黒こしょう少々をふり、**2**のソースを添える。

材料(3～4人分)
ラムチョップ(骨付きラム肉/1.5cm厚さ)
…6～8本(400～500g)
にんにく(すりおろす)…少々
ミントマスタードソース
- ミントの葉(生)…½パック分(5g)
- フレンチマスタード…大さじ1½
- 酢…小さじ½

トマト…1½～2コ
[常備品]塩/黒こしょう(粗びき)/オリーブ油

●1人分240kcal
●調理時間20分

a

にんにくとオリーブ油でマリネしておけば、肉が柔らかくなり、独特のくせも和らぐ。

b

ミントの爽やかな香りはラムとの相性抜群。たっぷり刻んでフレンチマスタードに加え、ソースにする。

c

肉を立てて側面も焼く。脂身をカリッと焼いて脂を落とすのも、くせを和らげるコツ。フライパンに並びきらない場合は、2回に分けてしっかり焼き色をつける。

揚げてもおいしい!

ラムチョップのフライ

同じようにマリネした肉に、バッター液(P.69参照)と細かいパン粉の衣をつけて、フライにするのもおすすめ。

きんめだいのアクアパッツァ

きんめだいの
アクアパッツァ

赤いきんめで見た目も華やか。イタリアンは陽気に、豪快に！

「アクア」は「水」、「パッツァ」は英語でいうところの「クレイジー」。人気のイタリア料理、アクアパッツァの名前の由来は、鍋の水がグラグラ沸いて暴れるから。驚くほど塩辛い水（海水）で煮るから。貧しい人々が飲む「ワインもどき」のようなうすい汁だから。……などなど諸説ありますが、つまりは「水で煮る魚料理」というわけです。

フライパンで魚の表面をこんがりと焼き、あさりやオリーブなどと一緒に水で蒸し煮にするだけ。だから、おしゃれなイタリアンながら、実は簡単！　切り身の魚なら、さらに簡単。皮の赤いきんめだいでつくれば、見た目にも華やかです。

スープもワインも使わず、水だけで煮ているのにこんなにも深い味わいが生まれるのは、うまみ豊かな脇役たちのおかげ。その一つがオリーブ油です。煮汁をおいしくする「オリーブのだし」という感覚で、たっぷりと入れましょう。さらに仕上げにも、一回し。イタリア人の気分で、いつもよりちょっといいオリーブ油を陽気に、豪快に使っちゃってください。チャオ！

下ごしらえをする

1 きんめだいは塩小さじ⅔をすり込み、10分間ほどおく。表面を洗って水けを拭き（写真a）、こしょう少々をまぶす。あさりは殻をこすり合わせて洗い、水けをきる。ミニトマトはヘタを除く。にんにくは、3mm厚さに切る。

きんめだいを焼く

2 フライパンにオリーブ油カップ¼と**1**のにんにくを入れ、強めの中火にかける。にんにくから泡が出て香りがたったら、きんめだいを並べ入れ、皮側をじっくりと焼く。

蒸し煮にする

3 **2**の皮にこんがりと焼き色がついたら返し（写真b）、ミニトマトとオリーブを加える。十分に熱くなったら、分量の水と**1**のあさりを加え、ふたをして中火で5分間ほど蒸し煮にする。

煮詰める

4 あさりが開いたらふたを取って火を強め、油と煮汁がなじんでトロッとするまでフライパンを揺すりながら、焦がさないように煮詰める（煮汁が少なければすぐ火を止めてもよい）。塩・こしょう各少々で味を調え、火から下ろしてパセリをふり、オリーブ油大さじ1を回しかける。

材料（3人分）

きんめだい（切り身）… 3切れ（300g）
あさり（砂抜きしたもの）… 10コ（80～100g）
ミニトマト … 8コ（100～120g）
オリーブ（黒／種抜き）… 8～9コ
にんにく … 1かけ
水 … カップ½
パセリ（みじん切り）… 適量
［常備品］塩／こしょう／オリーブ油

●1人分360kcal
●調理時間25分

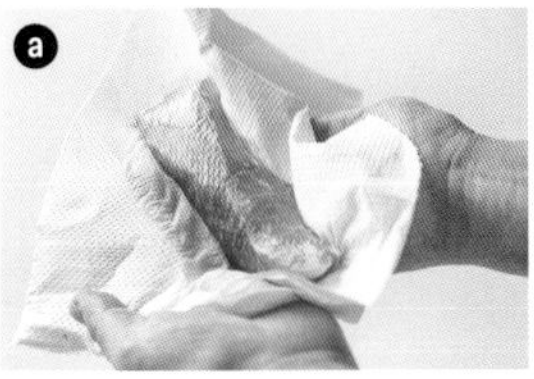

a 切り身に塩をすり込み、出てきた水けを洗って拭き取ると、気になるくせが抑えられる。

b 最初にパリッと焼いておくと、皮が破れにくく、きれいに仕上がる。

かきのクリーム煮

かきのクリーム煮

生クリームと白ワインを素直に使うのが、おいしさへの近道。

ビールじゃなくてワインやシャンパンを開けたくなる、ハレの日。いつもならフライにするかきを、クリーム仕立てで楽しんでみませんか？

クリーム煮といえばホワイトソース。ああ、面倒……。そんな後ろ向きな気持ちをはねのけてくれるのが、生クリームです。これさえあれば小麦粉をバターで炒めたり、牛乳でのばしたり、ダマになったのを悲しんだりしなくてもいい！　軽く煮詰めるだけで、リッチなソースになるんです。

主役のかきはきれいに洗い、小麦粉をはたいてバターで焼きます。小麦粉が香ばしく焼けて、かきのくせを和らげると同時に、熱から身を守る衣に。煮込まずに、ここで取り出して最後に戻し入れるのがプリッと仕上げるコツです。ねぎときのこもバターで炒め、辛口の白ワインを加えて煮汁のベースに。白ワインの酸味や香りが、かきのうまみを引き立てる重要な風味になるので、水や酒にはかえられません。「これさえあれば」の材料は、省いたり何かで代用しない！　潔く、素直につくるのが、おいしさへの近道なんですね。

下ごしらえをする

1 ねぎは斜めに薄切りにする。しめじは根元の部分を切り落としてほぐす。

2 かきはボウルに入れて、かたくり粉小さじ1、水大さじ½をふり、手で混ぜてからめる(写真a)。表面が灰色になったら、流水でやさしく洗う。水けをきってペーパータオルで拭き取り、小麦粉を薄くはたく。

かきを焼く

3 フライパンにバター大さじ½を入れて中火で溶かし、泡立ってきたらかきを並べ入れる。あまり焼き色をつけないように、両面をサッと焼いて取り出す(写真b)。

ソースをつくり、かきを戻す

4 フライパンにバター大さじ½を足して中火で溶かす。泡立ってきたら**1**を加え、色づかないように弱火で炒める。しんなりとしたら白ワインを加えて中火にし、フライパンの底をこそげながら汁けが半量になるまで煮詰める。

5 **4**にAを加えて混ぜ(写真c)、軽く煮てトロッとしたら**3**のかきを戻し入れる。しっかりと温まったら、塩・こしょう各適量で味を調える。

材料(3～4人分)
かき(加熱用)…(大)10～12コ(250～300g)
ねぎ …(太いもの)1本
しめじ … 1パック(100g)
白ワイン(辛口)… カップ½
A
- 生クリーム(乳脂肪分40%以上)… カップ½
- 水 … カップ¼

バター … 適量
[常備品] かたくり粉/小麦粉/塩/こしょう

●1人分210kcal
●調理時間20分

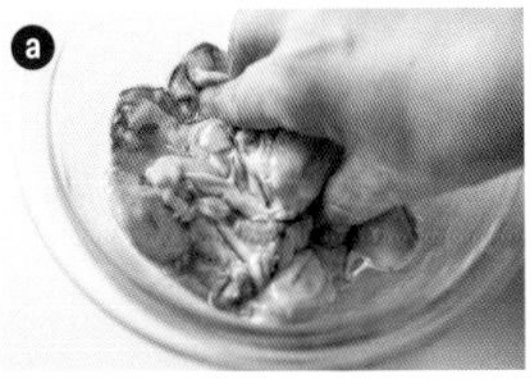
かきのヒダの間にもかたくり粉が入り込んで、汚れを吸着。水で洗えばきれいに落とせる。

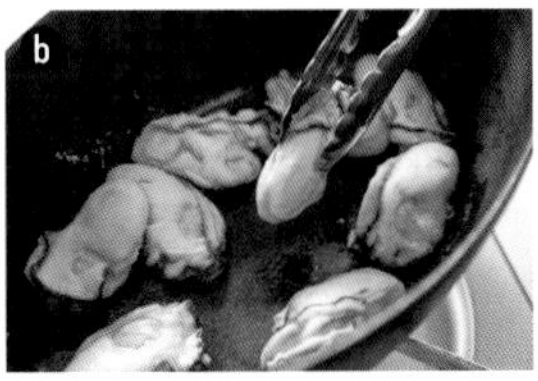
かきは焼いて一度取り出し、最後に戻せば、火が通りすぎて縮むことなく、ふっくら。

生クリームと白ワインを奮発！ これさえあれば手早く、リッチな味に。

サーモンの柔らかソテー

サーモンの
柔らかソテー

おうちでも「お店みたい！」を喜びたい日って、ありますよね。

お鍋を囲むような季節でもなく、バーベキューをするほどワイルドな気分でもない。穏やかに過ごしたいハレの日のテーブルには、やさしいパステルピンクのサーモンなんていかがでしょう。

生の刺身でもなく、こんがりとしたムニエルでもない、ほんのり温かい半生のソテー。フランス料理には、真空調理などのテクニックで絶妙の半生加減に火を通す「ミ・キュイ」というメニューがありますが、フライパンでも弱火でじっくり焼けば、とても近い食感に仕上がるんです。

ナイフがスーッと入っていく柔らかさに感動。しっとりした口当たりに2度目の感動。厚さが均一でないと薄い部分にだけ火が通りすぎてしまうので、なるべく平らな刺身用のさくを使うことが大切です。サーモンの色を愛でるためにも、ソースはかけずに下に敷きましょう。味のアクセントに、粗塩をパラリ。つぶしたピンクペッパーをパラパラと散らせば、あら、お店みたいな仕上がりに！　こういう演出を喜んでくれる人にふるまいたい、おしゃれな一皿です。

下ごしらえをする

1 サーモンは3〜4等分に切って塩小さじ⅔、こしょう少々をすり込み、バットに並べてラップをかける。冷蔵庫に10分間ほどおき、表面をサッと洗い、ペーパータオルで水けを拭く(写真a)。

2 ヨーグルトソースの材料を混ぜ合わせ、等分に皿に敷いておく。

弱火で焼く

3 フライパンにサラダ油少々をひき、サーモンの皮がついていた側を下にして並べ入れる。弱火にかけ、ジワジワと火を通し、下から半分ほどの色が変わったら(写真b)、ペーパータオルの上に取り出して余分な脂を取る。

4 **3**を**2**にのせてサーモンに粗塩をふり、ピンクペッパーを手でつぶしてソースに散らす。

材料(3〜4人分)

サーモン(刺身用／さく／3cm厚さ)… 300g

ヨーグルトソース

- **プレーンヨーグルト(無糖)… 大さじ3**
- **マヨネーズ … 大さじ3**
- **パセリ(みじん切り)… 適量**

粗塩(なければ塩)… 少々

ピンクペッパー(あれば)… 少々

[常備品] 塩／こしょう／サラダ油

●1人分270kcal

●調理時間20分

ピンクペッパー

こしょうとは別の種類のコショウボクという植物の赤い実を乾燥させたもの。こしょうのような辛みはなく、ほんのり甘く爽やかな風味をもつ。

a

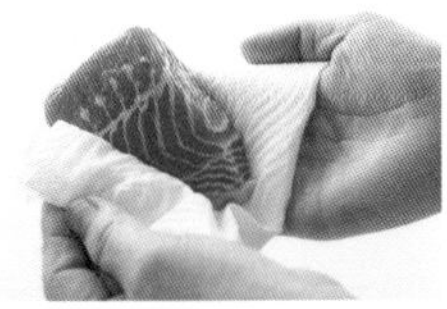

塩をすり込んで余分な水けとともに魚のくせを引き出し、ペーパータオルで拭き取る。

b

弱火で下側だけ焼いてカリッとさせ、上半分は色が変わらないうちに取り出す。

まぐろのごまステーキ

まぐろのごまステーキ

形のよいまぐろでつくれば、ビギナーでも失敗なし！

このまぐろステーキ「特売の赤身でつくれる。いやむしろ特売の赤身がいい」と聞いたらちょっとうれしくなりませんか？　表面にパン、パンとごまをくっつけて周りをカリッと焼いただけなのに、このごちそう感。息子が大学生だったころ、「友達の前でつくったら絶対『オオッ』て盛り上がるから、ぜひ覚えたい！」と言ったのが、このレシピでした。

重要なのは、まぐろの値段より「形」。厚みが均一で角がキチッと垂直な直方体のさくを、「全力で」探してください。そして焼くときは、決して触らず、上から押したりもせず、1面につき数十秒間、じっと待つ。教えたのは、その2点だけです。

切り方には、ちょっとコツがあります。包丁の刃先を斜めに入れたら、力を入れず、前に向かって一気に押し進めること。「ギコギコ」ではなく「スーッと」です。

せっかくなので添える青みはぜひ、魚介と相性のよいディルを選んでいただきたい。爽やかでほろ苦い個性的なハーブをちょっぴり「飾る」のではなく、まるまる1パック分を「葉野菜」として食べきる！　これぞ、ごちそうサラダです。

下ごしらえをする

1 まぐろ（写真a）は塩小さじ¼をまんべんなくすり込み、冷蔵庫に20分間ほどおく。バルサミコしょうゆソースの材料は混ぜ合わせておく。

ごまをつける

2 **1**のまぐろの表面をペーパータオルで押さえ、余分な水けを取る。バットに白ごま、黒ごまを混ぜて広げ、まぐろを押しつけるようにして、大きい4面にはりつける。

焼く

3 フライパンにオリーブ油小さじ2を強めの中火で熱して**2**を入れ、触らずに20〜30秒間焼く。上下を返して20〜30秒間焼き（写真b）、側面も同様に焼く。

4 取り出して粗熱を取り、1cm幅に切る（写真c）。器に盛り、バルサミコしょうゆソースを適量かける。

野菜を添えるなら……

ディルサラダ

材料（つくりやすい分量）

ディル … 1パック（15〜20g）

ベビーリーフ … 1袋（30g）

バルサミコしょうゆソース（上記参照） … 適量

ディルは茎から葉を摘む。ベビーリーフとともに冷水に放してパリッとさせ、しっかり水けを取る。器に盛り、バルサミコしょうゆソースをかける。

［全量110kcal　調理時間10分］

材料（2〜3人分）

まぐろ（刺身用／さく） … 200g

白ごま・黒ごま … 各大さじ1〜1½

バルサミコしょうゆソース*

- **オリーブ油 … 大さじ1**
- **バルサミコ酢 … 小さじ2**
- **フレンチマスタード … 小さじ1**
- **はちみつ … 小さじ1**
- **しょうゆ … 小さじ1**

［常備品］塩／オリーブ油

***つくりやすい分量。**

●1人分210kcal

●調理時間15分（まぐろを冷蔵庫におく時間は除く）

a まぐろは高級品でなくてOK。形重視で、きれいな仕上がりを目指す。

b ごまがまぐろにピッタリ定着するまで触らず、カリッとしてから上下を返す。

c 包丁の刃先を斜めに入れて、力を入れず前にスーッと押すようにすると、きれいに切れる。

かつおのレアカツ

かつおの
レアカツ

かつおをなんと揚げ焼きに！美しい断面に拍手喝采。

春から秋に出回るかつおのさくは、お手ごろ価格で肉にも負けないボリューム感。これをハレの日に使わない手はありません！　丸ごとパン粉の衣をつけ、たった3分間で揚げ焼きにしてしまうという荒技で、家族や友人をアッと驚かせちゃいましょう。

使うかつおは、腹側より脂の少ない背側のさく。断面が三角形で側面がなるべく平らなものを選びます。これは、少ない油で衣全体をムラなく、こんがりと揚げるため。また、普通のフライ衣は小麦粉とパン粉のつなぎに溶き卵をつけますが、今回は「バッター液」を塗りつけて。溶き卵に小麦粉を加えて濃度を増したバッター液は、パン粉をしっかり密着させると同時にかつおの水分をガードするので、中はしっとりレアに、表面はカリッと香ばしく仕上がるのです。

テーブル上で切り分けたら、断面のルビー色に歓声が上がること請け合い。厚めの1切れに、にんにく風味のアイオリソースをかければ、ここはビストロ？　これは肉？　「薬味にポン酢しょうゆ」のかつおのイメージが、ガラリと変わりそうですね。

下ごしらえをする

1 かつお(写真a)は塩小さじ½を全体にすり込み、10分間ほどおく。

2 バッター液をつくる。ボウルに溶き卵を入れ、小麦粉と水を加えて泡立て器で混ぜる。なめらかになったら、バットに移す。

揚げ焼きにする

3 **1**のかつおは表面をサッと洗い、ペーパータオルで水けを拭いて、Aを全体にまぶす。小麦粉を薄くつけ、**2**のバッター液をからめ(写真b)、パン粉をつける。

4 フライパンにサラダ油を1cmほどの深さまで入れて中火にかけ、190℃(パン粉を入れるとパッと散るくらい)になったら、**3**をそっと入れる。触らずに30秒～1分間ほど揚げ焼きにし、下側が色づいたら向きを変え(写真c)、残り2面も同様に1分間ずつ揚げ焼きにする。

5 ペーパータオルの上に取り出して油をきり、粗熱が取れたら、厚めに切る。食べやすくちぎったクレソンとアイオリソースを添える。

材料(3～4人分)

かつお(刺身用/背側のさく)… 300g

A
- にんにく(すりおろす)… 小さじ⅕
- こしょう … 適量

バッター液
- 溶き卵 … ½コ分
- 小麦粉 … 大さじ2
- 水 … 小さじ1～2

パン粉 … 適量

アイオリソース(下記参照)… 適量

クレソン … 適量

[常備品] 塩/小麦粉/サラダ油

●1人分330kcal

●調理時間10分

(かつおに塩をまぶしておく時間、粗熱を取る時間は除く)

a 形がきれいなさくは面が平らなので、ムラなくカリッと仕上がる。

b バッター液をからめてからパン粉をつけると、衣の香ばしさとカリカリ感がアップ。

c 各面を1分間ずつ、触らずに揚げ焼きにする。油にポチャンと落とさないように、トングなどでしっかり持って。

マヨネーズもハレの日仕様

アイオリソース

材料(つくりやすい分量)

マヨネーズ … 大さじ4

にんにく(すりおろす)… 少々

オリーブ油 … 大さじ1½

マヨネーズとにんにくをボウルに入れて小さめの泡立て器でよく混ぜ、オリーブ油を少しずつ加えて混ぜる。

フライパンパエリア

黄金色のサフランと真っ赤なえびで、鼻高々のごちそうごはん。

食べれば元気に、陽気になれるハレの日ごはんといえば、パエリア。おうちのテーブルでもアウトドアでも、ご覧のとおり「ジャーン!」と鼻高々にふるまえます。

パエリアパン? なくても大丈夫。ピッタリなふたさえあれば、いつもおかずをつくっているフライパンで十分です。表面にフッ素樹脂などの加工がしてあるほうが具やお米がこびりつくことなく、パエリアパンよりも上手につくれるので、むしろ一発勝負のハレの日向きといえましょう。

なくても大丈夫、ではないのが、サフラン。パウダーのパプリカで代用する手もあるとはいえ、この鮮やかな色とヨーロッパ風の香りこそが「ハレ」らしさ。断然ごちそう感が出るので、今こそ試してみるべきスパイスです。

サフランを奮発した分、具の数は控えめにしてみましたが、殻付きのえびは外せません。殻付きだから豪華に見えるし、殻付きだから豊かなだしも出る。黄金色のサフランと真っ赤なえびで、フライパンパエリアを真夏の太陽のようなごちそうに仕上げてください。

下ごしらえをする

1 米は洗ってざるに上げ、しっかりと水けをきり、パラリと乾くまで30分間ほどおく。鍋にAを入れて中火にかける。沸騰したら火を止めてサフランを加え、サッと混ぜて10分間ほどおく(写真a)。

2 鶏肉は一口大に切り、塩小さじ⅓、こしょう少々をふっておく。えびは足をむしって取り、殻の背側に縦に切り目を入れて(写真b)、背ワタを除く。ピーマンはヘタと種を除き、一口大に切る。たまねぎ、にんにくはみじん切りにする。

具、米を炒める

3 直径26cmのフライパンにオリーブ油大さじ½を強めの中火で熱し、鶏肉の皮側を下にして入れる。全体に軽く焼き色がつくまで炒め、いったん取り出す。

4 **3**のフライパンをペーパータオルでサッと拭いてオリーブ油大さじ2を中火で熱し、にんにく、たまねぎを1分間ほど炒める。しんなりとしたら**1**の米を加えて弱火にし、1〜2分間炒める(写真c)。

蒸し煮にする

5 米に油がなじんでしっかり熱くなったら、**1**のスープを注ぎ、鶏肉、えび、ピーマンをバランスよくのせる。中火にしてスープを煮立て、ふたをして弱火にし、7〜8分間蒸し煮にする。

6 米を食べてみて、少しだけ芯が残る程度に煮えたらふたを取る。さらに3〜5分間加熱して汁けをとばし、好みでおこげをつくる。火から下ろし、レモンを添えて食卓へ。

材料(3〜4人分)

米 … 360mℓ(2合)
鶏もも肉 … 1枚(300g)
えび(無頭/殻付き)…(大)6〜8匹
ピーマン … 2コ
たまねぎ … ½コ(100g)
にんにく … 1かけ
A 水 … カップ2
　固形スープの素《もと》(洋風)… 1コ
サフラン … 1つまみ
レモン(くし形に切る)… 適量
[常備品] 塩/こしょう/オリーブ油

●1人分540kcal
●調理時間40分(米を乾かす時間は除く)

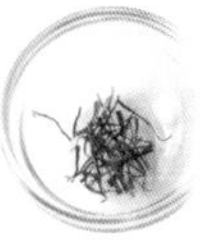

サフラン
アヤメ科の花の雌しべの柱頭を乾燥させたスパイス。魚介類によく合う芳香と、鮮やかな色が特徴。

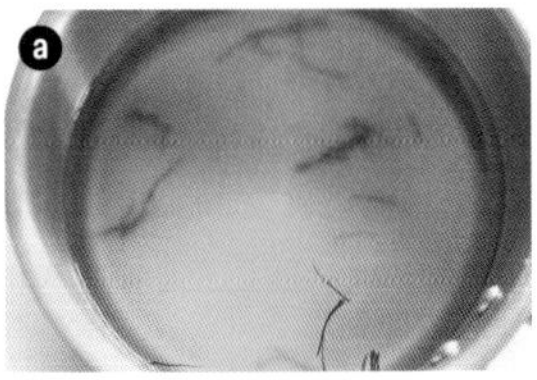

3本の指で1つまみ分のサフランをスープに浸し、スペシャルな色と香りを引き出す。

えびの殻をキッチンばさみで切っておくと、背ワタも取りやすく、食べるときもむきやすい。

米はしっかりと乾かしてから多めの油で炒めれば、ベタつかずパラリと仕上がる。無洗米を使ってもOK。

シーフードパスタ

ちらしずしのように、カラフルな、ハレの日の前菜パスタ。

「パスタ」と聞いて多くの人がイメージするのは、ランチプレートのスパゲッティとか、グラタンやサラダのマカロニといったあたりでしょうか。ここで紹介するのは、ハレの日の前菜やお酒のお供にピッタリなシーフードパスタ。スパゲッティのようにのびやすい麺はできたてを素早く食べるに限りますが、コロリとしたショートパスタなら時間がたってものびにくくて冷めてもおいしいので、少しずつつまめる、気の利いたサイドディッシュになるんです。

えびやたこなどのカラフルな魚介をちりばめたパスタは、和食に例えるなら「ちらしずし」。炊きたてのご飯にすし酢を手早く吸わせるように、ゆでたてのパスタにさっぱりとしたソースをからめるのがコツです。両者を同時進行でつくって、「タイミングよく合わせなければ！」と慌てる必要はナシ。むしろ温度差があるほうが味がよくなじむので、具とソースをスタンバイしてから、落ち着いてパスタをゆで始めればOKです。

ショートパスタのデザインは、イタリアらしい遊び心にあふれています。形によってゆで上がりの歯ごたえが違うので、ぜひ、いろいろ試してお気に入りを見つけてください。

下ごしらえをする

1 えびは尾と隣の1節を残して殻をむき、背ワタを除く。かたくり粉小さじ1、水少々をからめ、粉が灰色になったら、洗い流してペーパータオルで水けを拭く。ゆでだこは一口大に切る。パプリカはヘタと種を除き、一口大に切る。たまねぎはみじん切りにする。オリーブは指でつまんで軽く押しつぶす。

具を蒸し煮にする

2 フライパンにえび、パプリカ、たまねぎ、白ワインを入れて中火にかける。煮立ったらふたをして30秒間ほど蒸し煮にし、えびの色が変わったらたこを加え(写真a)、混ぜながらひと煮立ちさせる。

3 大きめのボウルにざるを重ね、**2**をあける。ボウルの蒸し汁はフライパンに戻し、具はボウルに移す。

4 **3**のフライパンを再び中火にかけ、蒸し汁が半量になるまで煮詰める。火から下ろし、Aを加えて混ぜ、**3**のボウルに加えて混ぜ合わせる。

パスタをゆでる

5 鍋に湯を沸かして1%の塩(湯1.5 ℓに大さじ1弱が目安)を加え、パスタを表示どおりにゆでる。

あえる

6 **5**の湯をしっかりときり、**4**に加えてあえる(写真b)。塩適量で味を調えてオリーブを加え、好みでイタリアンパセリを散らしてサッと混ぜる。器に盛り、黒こしょう適量をふる。

材料(3〜4人分)

ショートパスタ(フジッリなど)… 150g
えび(無頭/殻付き)… 10匹(130g)
ゆでだこ … 100g
パプリカ(黄)… 1コ(150g)
たまねぎ … ¼コ(50g)
オリーブ(緑/種抜き)… 10コ
白ワイン … カップ½

A
- **オリーブ油 … 大さじ2**
- **レモン汁 … 大さじ1〜1½**
- **塩・こしょう … 各少々**

イタリアンパセリ(粗みじん切り)… 適宜
[常備品] かたくり粉/塩/黒こしょう(粗びき)

●1人分280kcal
●調理時間30分

フジッリ
短いらせん状のショートパスタ。ライフルの銃砲身を模した、ともいわれるらせん状の溝にソースがよくからみ、堅めにゆでても食べやすい。

野菜とえびの蒸し汁が、おいしいソースに。堅くなりやすいたこは、あとから加えて。

パスタが熱いうちに具とソースをからめると、味がよくなじむ。

たいのカルパッチョ

たいの
カルパッチョ

いつもより繊細に刺身を切る。絵を描くように盛りつける。

「カルパッチョ」は本来、イタリアの肉料理。薄切りの生の牛肉に、ソースやチーズをかけたものです。でも、日本人の私たちには、新鮮な魚のカルパッチョのほうがおなじみですね。

つくり方のポイントは、いつもの刺身よりも薄〜く切って、美しく並べるところ。パックの刺身はたいがい厚切りなので、さくを買い求め、自分で切るのがおすすめです。

まず、買ってきたさくに塩をまぶし、余分な水けと一緒に魚のくせを引き出します。表面に出た水滴をペーパータオルで拭き取れば、すっきり。身が締まってうまみが凝縮したこの刺身を、ラップで包んで冷凍してください。カチコチに凍らせず、指で押して軽く弾力を感じる程度で取り出せば、薄切りも簡単！　まだシャリシャリしていますが、盛りつけの間に程よく解凍されますよ。

カルパッチョという料理名の由来は、赤と白の色づかいが印象的なイタリアの画家の名。レアな牛肉とクリーミーなソースの色彩からインスピレーションを得たのかもしれませんね。私たちもアーティストの気分で、ミニトマトやハーブの「デコり」を楽しみましょう！

たいを冷やす

1 たいは塩小さじ⅓を全体にすり込み(写真a)、冷蔵庫に1時間ほどおく。表面の水けをペーパータオルで押さえ、ラップでピッタリと包んで冷凍庫に1時間30分〜2時間おく。

材料を切る

2 ミニトマトはヘタを除き、8等分ほどの角切りにする(写真b)。ハーブは葉を摘み、大きいものは細切りにする。

3 **1**が半冷凍の状態になったら取り出し、包丁の刃を斜めに入れて、なるべく薄いそぎ切りにする(写真c)。

盛りつける

4 たいを皿に広げて並べ、ミニトマトとハーブを散らす。食べる直前に、オリーブ油大さじ½〜1とレモン汁を回しかける。

材料(3〜4人分)

たい(刺身用／さく)… 200〜250g
ミニトマト … 2〜3コ
好みのハーブ(イタリアンパセリ、セルフィーユなど／生)… 適量
レモン汁(または、好みのかんきつの搾り汁)… 小さじ1
[常備品] 塩／オリーブ油

●1人分90kcal
●調理時間15分
(たいを冷蔵庫におく時間、冷凍庫におく時間は除く)

刺身に塩をすり込んで水けを引き出すと、魚のくせが抜けると同時に、うまみが凝縮する。

トマトの赤、ハーブの緑でデコレーション。オリーブ油もつややかなソースに。

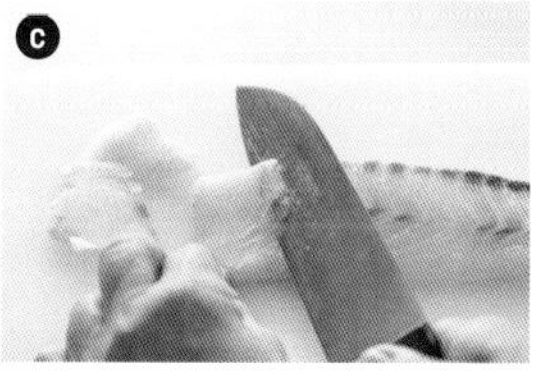

軽く冷凍しておけば、特別な技術がなくても、ふだん使いの包丁でも、薄〜く切れる。

ラタトゥイユ

炒めてから蒸し煮。ハーブをひとふり。「ごった煮」からは卒業です。

ラタトゥイユは、南仏・プロバンス地方の郷土料理。身近な夏野菜を使った気取りのない家庭料理ですが、丁寧につくれば、ハレの日にふさわしいごちそうになるんです。

にんにくとオリーブ油で熱した鍋に野菜をどんどん加えて炒めて煮込む「ひと鍋方式」は手軽で簡単なのですが、すべての材料が一体化した「ごった煮」風になりがち。私がおすすめするのは、しんなりしやすい野菜と堅めの野菜に分けて、グループ別にフライパンで炒めてから鍋で蒸し煮にする「2段階方式」です。これなら、それぞれの野菜の持ち味がはっきり、生き生き。温かくても自然に冷めても、冷蔵庫で冷やしてもおいしいですよ。

生のトマトではなく缶詰の水煮を使うのは、うまみの濃い本場の味に近づけるため。鍋でしっかり煮詰めたところに、炒めた野菜とハーブを加えましょう。プロバンスのママンなら、ここで庭先のタイムやローズマリーなどを摘んでくるところですが、私たちは市販の乾燥ミックスハーブで。「省いてもいい?」と聞かれると、正直ちょっとさびしくなります。だって、たったひとふりで心は南仏に飛び立てるんですよ? これを使わない手がありましょうか。

ハーブの香るラタトゥイユとロゼワインで乾杯! いつもの空が、太陽が、違って見えるハレの日になりそうですね。

下ごしらえをする

1 AとBの野菜は、それぞれ2cm角程度に切る。にんにくは縦半分に切る。断面を下にしてまな板に置き、包丁の腹を当てて押しつぶす。

トマトを煮詰める

2 鍋にオリーブ油大さじ1とにんにくを入れて弱火にかけ、香りがたったらトマトを缶汁ごと加えて中火にする。煮立ったら弱火にして塩小さじ⅓を加え、時々混ぜながら5分間ほど煮て、火を止める。

野菜を炒める

3 フライパンにオリーブ油大さじ1を強火で熱し、Aを炒める(写真a)。油が全体になじみ、少し色づいたら塩小さじ½をふって混ぜ、**2**の鍋に加える(写真b)。

4 あいたフライパンにオリーブ油大さじ1を足して強火で熱し、Bを炒める。しんなりとしたら塩小さじ½をふって混ぜ、**3**の鍋に加える。

煮る

5 鍋を再び中火にかけ、ミックスハーブを加えて混ぜる。煮立ったら弱火にし、焦がさないように時々混ぜながら8分間ほど煮る。こしょう適量をふり、味をみて足りなければ塩少々で調える。

材料(3～4人分)

A
- なす … 2コ(160g)
- ズッキーニ … 1本(150g)

B
- たまねぎ … 1コ(200g)
- パプリカ(黄) … 1コ(150g)
- ピーマン … 2～3コ(75g)

にんにく … 1かけ
トマトの水煮(缶詰／カットタイプ) … 1缶(400g)
ミックスハーブ(プロバンス風) … 小さじ1弱
[常備品] オリーブ油／塩／こしょう

●1人分160kcal
●調理時間30分

ミックスハーブ(プロバンス風)
南仏・プロバンス地方でよく使われるタイム、ローズマリー、ローリエ、セージなどの乾燥ハーブを混ぜ合わせたもの。エルブ・ド・プロバンスとも呼ばれる。なければいずれか1～2種類のハーブだけでも。

a 野菜はフライパンで炒めてから鍋に合わせると、それぞれの持ち味が生きる。

b トマトの水煮を少し煮詰めたところに炒めた野菜を加えて煮ると、水っぽくならない。

自家製ツナ

かきのオイル漬け

自家製ツナ
かきのオイル漬け

慌てず騒がず すぐに出せる一品、つくりおきして みませんか?

ピンポーン(と、玄関のチャイムの音)。「あっ、どうしよう。まだ用意できてない!」……ハレの日によくあるシチュエーションですよね。安心してください。ホームパーティーの当日なんて、誰でもそんなものです。

ただし、ここで差がつくのが、「ちょっとしたつくりおき」があるかないか。冷蔵庫から取りいだしたる保存容器の中身で一品できれば、あなたは立派なおもてなし名人! 保存が利いて気の利いた前菜を用意しておくと、当日の助けになりますよ。まぐろは塩をしてオイル煮(ツナ)に。かきはしっかり火を通してオイル漬けに。どちらも冷蔵庫で1週間ほど保存でき、漬けた油も活用できます。

ツナは、特売の赤身のまぐろを見かけたときが絶好のチャンス! かきはしっかり火を通すので、生食用よりうまみの多い加熱用のむき身がおすすめです。前菜だけでなく、パスタやサラダにアレンジも可能。容器ごと運びやすいので、持ち寄りパーティーにも。メインのおかずばかりが集まりがちな女子会では、キラリと光る一品になること間違いなしです。

かきのオイル漬け

材料（つくりやすい分量）
かき（加熱用）… 300g
A ┌ にんにく（薄切り）… 2枚
　│ 赤とうがらし … ½本
　└ レモン（国産／輪切り）… 1枚
［常備品］かたくり粉／サラダ油／塩／こしょう

●全量530kcal
●調理時間15分（でき上がりを冷ます時間は除く）
●冷蔵庫で約1週間保存可能

1　かきはボウルに入れて、かたくり粉小さじ1、水大さじ½をふり、手で混ぜてからめる。表面が灰色になったら、流水でやさしく洗う。水けをきり、ペーパータオルで拭き取る。

2　フライパンにサラダ油小さじ1を強めの中火で熱し、十分に温まったらかきを並べ入れる。水けが出て泡立ち、身がふっくらとしてきたら上下を返し、汁けがなくなるまで火を通す（写真b）。

3　火を止めて塩・こしょう各少々をふり、清潔な保存容器に移す。Aを加え、全体にかぶるくらいにサラダ油を注ぎ、そのまま冷ます。

かきのヒダがチリチリとしてくるまで、汁けをとばす。

5分で前菜！
かきのカナッペ

焼いたバゲットにのせ、レモンの薄切りも添えて黒こしょうをふり、おしゃれなカナッペに。

自家製ツナ

材料（つくりやすい分量）
まぐろ（赤身／刺身用／さく）… 200g
にんにく（薄切り）… 3枚
ローリエ … 1枚
［常備品］塩／オリーブ油／サラダ油

●全量430kcal
●調理時間20分（まぐろに塩をすり込んでおく時間、でき上がりを冷ます時間は除く）
●冷蔵庫で約1週間保存可能

1　まぐろは塩小さじ1弱を全体にすり込み（写真a）、冷蔵庫に20分間ほどおく。表面をサッと洗い、ペーパータオルで水けを拭く。

2　小さめの鍋に**1**とにんにく、ローリエを入れ、まぐろがかぶるくらいに、オリーブ油とサラダ油を同量ずつ加える（まぐろは鍋に入らなければ、2つに切って入れる）。

3　**2**の鍋を中火にかけ、油がフツフツとしてきたら弱火にし、15分間ほど煮る。7～8分間たったところで一度、まぐろの上下を返す。火を止めて冷まし、油ごと清潔な保存容器に移す。

まぐろに塩をすり込んでおき、余分な水けを引き出しつつ適度に塩けをつける。

サラダもごちそう！
ニース風サラダ

大ぶりに切ったツナとゆで卵やオリーブ、野菜を合わせて本格派のニース風サラダに。

カスタードプリン

憧れの大きなプリンは、ちょっと堅めで懐かしい味。

自分の顔ほどもある大きなプリンを、ひとりじめして食べたい……。そんな壮大な夢を抱く少年少女だった皆さん。今こそ、実現のときです！

材料は牛乳、卵、砂糖。全卵に卵黄をプラスして生地をつくり、オーブンで蒸し焼きにして、ちょっと堅めの昔懐かしいプリンに。バニラビーンズを加えると「本格的」ですが、ここはあえてのバニラエッセンスで香りづけしましょう。

生地をつくるよりも、焼くよりも、技と勇気が必要になるのが、冷やしたプリンを型から抜くとき。型との間にナイフをグルリと1周させ、型より大きいお皿をかぶせてエイッとひっくり返します。軽く揺らして隙間に空気が入れば、スポッと抜ける感触があるはず。うやうやしく型を持ち上げ、憧れのプリンをお披露目しましょう。夢は「ひとりじめ」でしたが、仲よく分け合ってくださいね。

キャラメルソースをつくる

1 小さめの鍋にAを入れてよく混ぜ、中火にかける。混ぜずに鍋を揺すって砂糖を溶かし、煙が出て濃い茶色になったら火を止める。鍋を傾けて回し、均一になったら型の底に一気に流す。

プリン液をつくる

2 別の鍋に牛乳を入れて中火で温め、沸騰直前に火から下ろす。

3 ボウルに卵と卵黄を入れて泡立て器でほぐし、均一になったら砂糖を加えて混ぜる。**2**の牛乳を少しずつ加えて混ぜ、バニラエッセンスを加える。

オーブンで蒸し焼きにする

4 **3**をざるでこして**1**の型に流し、アルミ箔《はく》で覆う。オーブンの天板にのせ、できるだけ縁まで湯を注ぎ(写真a)、160℃のオーブンで約1時間焼く。中心に竹串を刺し、何もついてこなければ焼き上がり。

冷やして型から外す

5 型ごと冷まし、ラップをして冷蔵庫で3時間以上冷やす。型とプリンの間にナイフを差し込んで1周させ(写真b)、皿をかぶせてひっくり返し(写真c)、型から外す(写真d)。

直径15cmの型でも！

材料(直径15cmの底の抜けない丸型1コ分)

牛乳…カップ2
卵…(L)3コ
卵黄…1コ分
砂糖…50g
バニラエッセンス…少々
A 砂糖…50g
　水…大さじ1

上記と同様にキャラメルソースとプリン液をつくって型に流し、160℃のオーブンで45分間焼く。

材料(直径18cmの底の抜けない丸型1コ分)

牛乳 … カップ3
卵 … (L)4コ
卵黄 … 2コ分
砂糖 … 80g
バニラエッセンス … 少々
A 砂糖 … 80g
　水 … 大さじ1½

下準備

- 卵は冷蔵庫から出し、常温に戻しておく。
- オーブンは160℃に温めておく。

●全量1520kcal
●調理時間1時間20分(冷やす時間は除く)

a

天板の高さの半分まで湯を注いだらオーブンに入れ、天板を少し引き出して残りを注ぐとこぼれない。焼く途中で湯が少なくなったら、適宜足す。

b

型のほうも回しながら、ナイフをグルリと1周させて隙間をつくる。

c

型がすっぽりと入る大きさで、縁が少し立ち上がっている皿を伏せてかぶせる。

d

型と皿をしっかりと持って勢いよくひっくり返し、型を持ち上げて外す。

ガトーショコラ

「味はおいしいね」から、一歩先に進みたい。

特別な日のお菓子は「簡単がいい」とも限りません。絶対失敗したくない。けれど、少し手のかかることに挑戦することで、心を込めた証にしたい。そんな裏腹な思いで手づくりする人が多いのが、チョコレートケーキではないでしょうか。

失敗しないコツは、良質なチョコレートを使うことに尽きます。いつもの板チョコではなく、「クーベルチュール」という製菓用のチョコレートを手に入れて。卵は卵黄と卵白に分けて泡立てるレシピもありますが、初心者には、分けずに泡立てる方法（共立て）がおすすめです。卵を湯煎で温めたあと、ハンドミキサーで一気に泡立てると、しっかりとした泡になり、冷めても生地が沈みにくい焼き上がりになります。

よいチョコレートを使えば、どうつくっても味に間違いなし。そこに泡立ての手間を加えることで、一歩先ゆく出来栄えを目指しましょう！

チョコレートとバターを溶かす

1 チョコレートは1cm角ほどに刻む(写真a)。バターは1cm厚さに切る。フライパンに⅓ほどの深さまで水を入れて中火にかけ、沸騰したら火を止める。

2 チョコレートとバターを金属製のボウルに入れて、**1**の湯につける。塊が溶けてきたらゴムべらで混ぜ(写真b)、均一になったら湯から外す。

卵を泡立てる

3 別のボウルに卵と砂糖を入れて泡立て器で混ぜ、**1**の湯(60℃くらいが最適)につける。卵が固まらないように休まず混ぜ、卵液が40～42℃に温まったら(写真c)、湯から外す。

4 **3**をハンドミキサーで一気に泡立てる。生地をひとすくいして落とすと、すぐになじまずにリボン状に重なり、上につまようじが立つくらいが目安(写真d)。

生地を合わせて焼く

5 **2**のチョコレート液に薄力粉を加え、ゴムべらで混ぜ合わせる。**4**の卵液の¼量を加えてしっかりと混ぜ、**4**のボウルに戻し入れる。ゴムべらでチョコレート液を底からすくい上げるようにして、卵液の泡を消さないように手早く混ぜる。

6 均一に混ざったら、用意した型に流し入れ、160℃のオーブンで45分間ほど焼く。竹串を刺し、ホロホロとした生地が少しつくくらいになれば焼き上がり。ドロリとした生地がつくようなら、さらに3～4分間ずつ様子を見ながら焼く。

7 型ごと完全に冷まし、型から外す。茶こしで粉砂糖をふる。

材料(直径18cmの丸型1コ分)

製菓用チョコレート(スイート)… 200g
バター(食塩不使用)… 80g
卵 … 3コ
砂糖 … 大さじ2
薄力粉 … 小さじ1
粉砂糖 … 適量

下準備

- 卵は冷蔵庫から出し、常温に戻しておく。
- オーブンは160℃に温めておく。
- 型の底と側面に合わせてオーブン用の紙を切り、型の内側に敷く。

●全量2060kcal
●調理時間1時間20分(冷ます時間は除く)

カカオ分が多く、乳成分を含まない製菓用チョコレート(クーベルチュール)。ダイス状やチップ状のものは、刻まずに使える。

チョコレートとバターは直火で煮立たせず、湯煎で溶かす。

卵液に指を入れてお風呂と同じくらいに感じれば、泡立ちやすい温度(40～42℃)。

卵液がきめ細かく、しっかりと泡立っていれば、表面に刺したつまようじが沈まずに立つ。

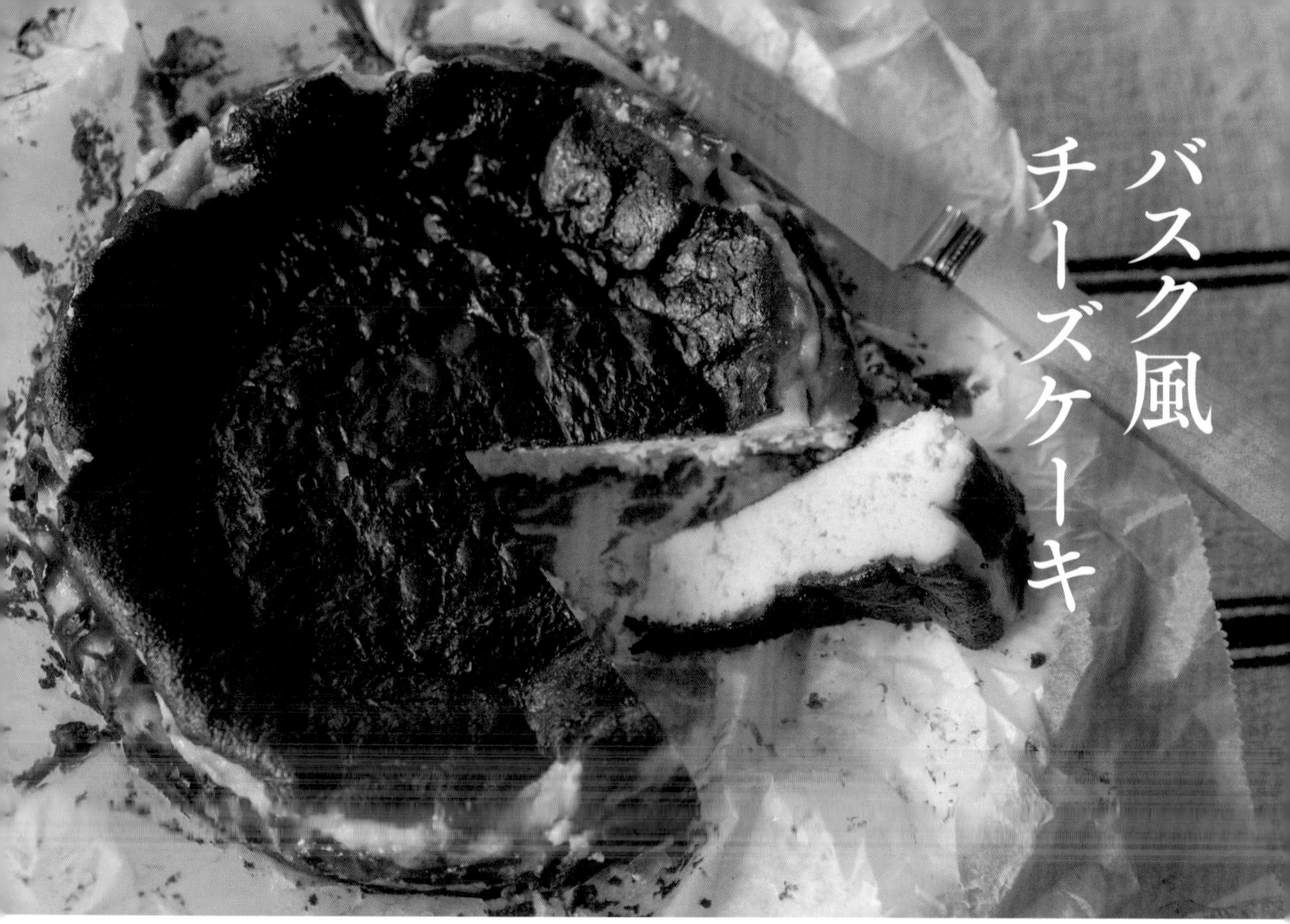

バスク風チーズケーキ

甘いだけじゃない。このほろ苦さが「女王」の魅力。

スペイン北部、バスク州にあるレストランの名物ケーキが日本に伝来するや、一大ブームとなりました。主材料はたっぷり2箱分のクリームチーズと、まるまる1パック分の生クリーム。その量にひるむことなく、ただ一心に混ぜていきます。程なく、なめらかになった生地を型に流してオーブンに入れ、表面の「焼き目」が「焦げ目」へと変わる限界、ギリギリまで焼くだけです。この潔さ、この風格。間違いなく、「実は簡単」なスイーツの「女王」と呼ぶべき一品でありましょう。

一口食べれば、きっと納得。濃厚なチーズの味わいを引き立てる、この焦がしたキャラメルのようなほろ苦さこそが、このケーキの魅力、いや魔力。「女王の座を射止めるためには、スイートなだけではダメなんだな」と学んだオトナな皆さんは、粗塩をパラリとふってワインのお供にもどうぞ。

生地をつくる

1 クリームチーズはラップで包み、電子レンジ(600W)に30秒〜1分間かけて柔らかくする(指で軽く押すと、中央まで入るくらいが目安)。ボウルに入れてゴムべらで練り混ぜ、均一になったら、砂糖を加えてさらによく混ぜる(写真a)。

2 卵を1コずつ加え、そのつど泡立て器で均一に混ぜる(写真b)。生クリームも加えてさらに混ぜる。

オーブンで焼く

3 準備した型に流し(写真c)、230℃(ガスなら220℃)のオーブンで30分間ほど焼く。全体に濃い焼き色がついてふくらみ、中央が少しだけくぼんで周囲にひびが入れば焼き上がり(写真d)。

しっかりと冷やす

4 型ごと完全に冷まし、ラップをして冷蔵庫で一晩冷やし固めてから、紙ごと取り出す。

直径15cmの型でも!

上記と同じ材料で生地をつくり、230℃(ガスなら220℃)のオーブンで35分間ほど焼く。生地は焼いてもあふれ出にくいので、型の縁ギリギリまで流し入れて大丈夫。

材料(直径18cmの底の抜けない丸型1コ分)

クリームチーズ … 400g
砂糖 … 120g
卵 … 3コ
生クリーム(乳脂肪分40%以上のもの) … カップ1

下準備

- 卵は冷蔵庫から出し、常温に戻しておく。
- オーブンは230℃(ガスオーブンなら220℃)に温めておく。
- オーブン用の紙を30cm四方に切り、一度クシャクシャに丸めてから広げ、型に敷く。

●⅛切れ分370kcal
●調理時間45分(冷まして冷やし固める時間は除く)

a 最初は堅くて泡立て器では混ぜにくいので、ゴムべらで練り混ぜる。砂糖を加えると、すぐになめらかになってくる。

b 卵は一気に加えず、小さい器に1コずつ割り入れたものを加え、そのつど泡立て器で混ぜる。

c 粉を加えないので生地はゆるめ。敷いた紙に切れ目があると流れ出てしまうので注意。

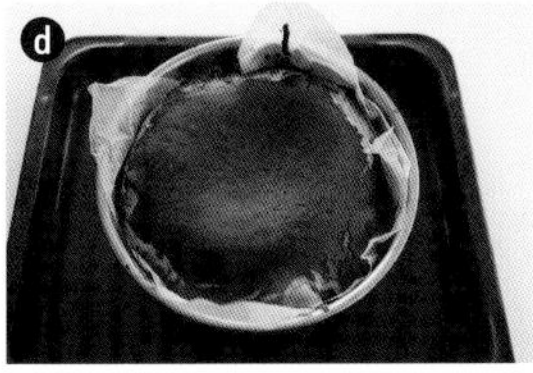

d 濃いキャラメルのような焼き色が目安。ふくらまないうちに焦げてきたら、途中でアルミ箔《はく》をかぶせる。

上田淳子（うえだ・じゅんこ）

料理研究家。辻学園調理技術専門学校で西洋料理・製菓・製パン技術を習得し、卒業後同校の西洋料理研究職員を経て渡欧。スイスのホテルのレストラン、ベッカライ、フランスではミシュランの星つきレストラン、シャルキュトリーなどで料理修業を積む。専門的な知識と、双子を育て上げた主婦目線から生まれるレシピは、本格的ながらもつくりやすい味と人気を博している。

アートディレクション・デザイン　遠矢良一（Armchair Travel）
撮影　新居明子
スタイリング　佐々木カナコ
校正　今西文子（ケイズオフィス）
栄養計算　宗像伸子
編集　奈良結子／増田名緒、永井 望、山田華子（NHK出版）
編集協力　前田順子／大久保あゆみ

＊ この本は『NHKきょうの料理ビギナーズ』2019年4月号から2020年11月号まで連載した「実は簡単！ ハレの日ごはん」に新しいレシピを加え、再編集したものです。

ごちそうしたい、ほめられたい
実は簡単！ ハレの日ごはん
2020年11月20日　第1刷発行
2022年 6 月20日　第2刷発行
著者　上田淳子

発行者　土井成紀
発行所　NHK出版
〒150-8081　東京都渋谷区宇田川町41-1
電話 0570-009-321（問い合わせ）
0570-000-321（注文）
ホームページ　https://www.nhk-book.co.jp
振替　00110-1-49701
印刷・製本　大日本印刷

Printed in Japan
ISBN978-4-14-033313-6　C2077